LA CINQUANTAINE DE PRÊTRISE

DE

M. L'ABBÉ DELPHIN

CURÉ DE NOTRE-DAME, A SAINT-ÉTIENNE.

(25 juillet 1870.)

Le 25 mai 1761, messire Laurent Fromage (1), doyen de la société des prêtres de Notre-Dame, économe de la *Charité*, célébrait ses *Noces d'or* dans l'église paroissiale de Notre-Dame.

Cette fête a marqué glorieusement dans les *Annales* de la paroisse (2) ; elles en ont gardé un précieux souvenir.

(1) Messire Laurent Fromage appartenait à une des plus honorables et des plus anciennes familles de Saint-Etienne, qui compte encore des membres dans notre ville.

Le 11 août 1767, son neveu, M. Jean-Claude-François Fromage, prenait possession de la cure de Notre-Dame, laissée vacante par la transfert de messire Sonyer du Lac à la cure de Saint-Etienne, transfert accompli le 26 janvier 1767. M. J.-C.-F. Fromage était encore curé au moment où éclata la révolution, et ne mourut qu'en mai 1799. Ce ne fut pas sans courir les plus grands dangers qu'il traversa la période révolutionnaire.

(2) Un des vicaires de la paroisse, M. l'abbé Chambeyron, sous le ti-

L'abbé Etienne Chanue nous rappelle en sa chronique manuscrite l'éclatant hommage rendu à messire Laurent Fromage.

La carrière de ce saint prêtre était pleine de vertus et de bonnes œuvres. Il avait aimé Dieu et servi les pauvres. C'est là la vie des saints. Que faut-il de plus à un chrétien? Entre autres bienfaits, il avait fait construire à ses frais la chapelle et le clocher de la maison hospitalière, dont il administrait gratuitement les deniers.

Le dimanche 24 juillet 1870, pour la seconde fois, des *Noces d'or* se célébraient dans la même église. La paroisse de Notre-Dame fêtait, avec un élan et un éclat admirable la cinquantaine de prêtrise de M. l'abbé Delphin, son vénéré pasteur.

Ce qu'avait été messire Laurent Fromage, M. l'abbé Delphin l'a été sur un théâtre plus étendu : un prêtre selon le cœur de Dieu. Il a parcouru dignement et fructueusement sa longue carrière sacerdotale.

Né à l'Arbresle, le 24 avril 1796, il fit avec succès ses études classiques au collège de Villefranche et au petit-séminaire de Meximieux, et sa théologie au grand-séminaire de Lyon.

tre d'*Annales de l'église de Notre-Dame*, a réuni, en deux volumes manuscrits de 400 pages, tous les documents pouvant servir à l'histoire de cette église. C'est là une rude et ingrate besogne de patiente érudition qui avait de quoi décourager plus d'un esprit. Je ne sais autrement louer cette œuvre qu'en la faisant connaître.

Chaque pièce est inscrite à sa date, et, quand il le faut, une note concise et nette de M. l'abbé Chambeyron, complète le renseignement officiel. Désormais, ceux qui voudront parler sérieusement de notre vieux Saint-Etienne, ne pourront se dispenser de consulter ce recueil. Le second volume s'arrête à l'année 1789, et se termine par *le cahier des doléances du clergé de Notre-Dame présenté au bailliage du Forez, lors de la nomination des députés aux Etats-Généraux*. Je crois savoir que l'auteur a l'intention de poursuivre ses précieuses recherches et de les continuer jusqu'à l'époque contemporaine. C'est un véritable monument qu'il aura élevé en l'honneur de l'église de Notre-Dame.

Avant d'être prêtre, il fut quelque temps professeur au petit-séminaire de l'Argentière. Il n'y resta pas longtemps. Ses goûts pour la prédication n'étaient pas douteux.

M. l'abbé Bochard, vicaire général de Lyon, qui se connaissait en institutions utiles et en hommes fondait alors et organisait la maison des *Chartreux*. Cette société à laquelle il ne voulut donner d'autre esprit que l'esprit du diocèse, auquel elle devait appartenir et emprunter ses membres, avait la mission d'être doublement auxiliaire du clergé par la prédication et par l'enseignement (1).

Désireux de trouver des prêtres propres à l'aider dans ses desseins, il choisit l'abbé Delphin, dont il avait apprécié le caractère et les talents.

Promu à la prêtrise le 23 juillet 1820, le nouveau missionnaire se retira sur la colline des *Chartreux*, et se trouva réuni à quelques prêtres remplis comme lui de zèle pour le salut des âmes, qui à d'éminentes vertus joignaient une science solide. Nouveaux apôtres, il se livrent avec un courage intrépide et infatigable au ministère laborieux des missions dans les campagnes et dans les villes. Ils réparent les ruines faites à la religion par la tourmente révolutionnaire.

M. l'abbé Delphin débute par la mission, belle et féconde entre toutes, de Saint-Etienne. C'était en février 1821. Ils étaient onze missionnaires et parmi eux MM.

(1) M. l'abbé Bochard avait mis à la tête de cette maison des *Chartreux* M. Mioland, devenu plus tard archevêque de Toulouse. Cet ecclésiastique avait la sagesse, la science, le zèle, toutes les qualités nécessaires pour marcher à la tête d'une œuvre pareille, et il se montra persévéramment digne d'un choix si honorable.

De cette foule de prédicateurs formés aux *Chartreux* sont sortis : NN. SS. le cardinal Donnet, archevêque de Bordeaux ; Mioland, archevêque de Toulouse ; de la Croix d'Azolette, archevêque d'Auch ; Cœur, évêque de Troyes, Dufêtre, évêque de Nevers ; Loras, évêque de Dubuque (Canada) ; M. Deguerry, curé de la Madeleine, à Paris ; NN. SS. David, évêque de Saint-Brieuc et Tréguier ; Callot, évêque d'Oran ; Plantier, évêque de Nîmes, etc.

Mioland, Donnet, Dufêtre, Barricand, etc. Ils furent ainsi distribués, quatre à Saint-Etienne, quatre à Notre-Dame et trois à Sainte-Marie (1).

M. Delphin ne marchait point au dernier rang dans cette glorieuse phalange. Il se trouva attaché, comme par un hasard providentiel, à la paroisse de Notre-Dame. Ses débuts furent heureux ; le souvenir en resta dans la mémoire de ceux qui l'avaient vu à l'œuvre.

Le succès de cette mission dépassa toutes les espérances. Pendant les six semaines que durèrent les prédications, les églises furent pleines, et ce qui vaut mieux encore, les tribunaux de la pénitence furent continuellement assiégés par ceux que la parole de Dieu avait touchés.

C'est à cette occasion que fut élevée l'énorme et pesante croix en fer qui orne encore l'extrémité est de la place Royale (2).

Désormais la vie de M. Delphin reste vouée aux missions et aux retraites. Il prêche même avec éclat des ca-

---

(1) Des onze missionnaires qui prêchèrent à Saint-Etienne en 1821, deux seulement survivent : L'un est l'éminent archevêque de Bordeaux, S. Em. le cardinal Donnet ; l'autre, M. l'abbé Delphin.

(2) De temps immémorial, sur la place Royale, qui s'appelait autrefois la place du *Pré de la Foire*, s'élevait une croix.

Tout récemment, M. Jalabert aîné, conservateur du musée d'artillerie, a découvert chez un ouvrier forgeur, du quartier Polignais, une estampe, éditée à Lyon, en 1711, chez André Molin, représentant la croix érigée cette même année sur le *Pré de la Foire*.

Cette estampe, que M. Jalabert a fait reproduire à ses frais, renferme des inscriptions latines, françaises, grecques et hébraïques gravées sur les faces du piédestal Au bas du piédestal on lit l'inscription suivante qui rappelle quelques unes des vicissitudes de cette croix :

« L'an 1595, les protestants ayant profané une des croix de la ville « de Saint-Etienne en Forest, on en fit élever à leurs frais une autre « sur les ruines de la première. Cette nouvelle croix, qui passe pour « une des plus belles du royaume, étant en partie tombée depuis plus « de cinquante ans, fut réparée l'an 1711 par les libéralités des habi-« tants et par les soins des RR. PP. Jésuites, qui firent cette année une « mission dans cette ville-là. »

— 5 —

rêmes dans des villes importantes, à Clermond-Ferrand,
Moulins, Rodez, etc., agrandissant chaque jour sa réputation.

A Moulins, après une station brillante donnée en 1830.
le vieil évêque, Mgr de Pons, veut se l'attacher et lui of-
fre le poste de chanoine titulaire, ne lui laissant pas igno-
rer que des circonstances prochaines pourraient le porter
à des fonctions plus élevées. M. Delphin fut très-sensible,
comme il devait l'être, à ce noble procédé, mais il se dé-
fendit de cet honneur. Il refuse d'abord, et sur des prières
réitérées, il refuse encore, ne voulant comme souvenir
qu'un camail de chanoine honoraire.

A Rodez, l'évêque, Mgr Giraud, qui devint plus tard archevêque de Cambrai et cardinal, le nomme également
chanoine honoraire de sa cathédrale, et ayant appris à
l'apprécier, commence avec lui des relations d'amitié qui
ne se sont interrompues que par sa mort.

En 1834, Mgr de Pins, administrateur du diocèse de
Lyon, l'appelle à gouverner le séminaire d'Alix. Dans
cette maison, il se fit aimer et vénérer à la fois.

Tous ceux qui devenaient ses élèves, devenaient par là
même ses enfants, et leur bien-être moral comme leur
bien-être physique, fut l'unique pensée de son esprit
comme l'objet de toutes ses émotions de cœur. M. Delphin
avait commencé ces agrandissements et ces améliorations
poursuivis avec tant de persévérance et de succès par son
successeur, M. l'abbé Bourdin.

Onze ans plus tard, ses supérieurs lui imposaient la
cure de Notre-Dame. Il en prenait possession le 23 juillet 1845.

Le titulaire, M. de Saint-Jean, avait déjà une autre
fois donné sa démission, mais l'affection de ses paroissiens et les obligeantes prévenances de ses supérieurs
l'avaient empêché de réaliser son dessein. On cède enfin,
et le vénérable vieillard, dont la santé est ruinée, se re-
tire à l'*Institution des Sourdes-Muettes*, désignant lui-

même M. Delphin comme le prêtre le plus capable de tenir sa place.

Dans cette position, M. Delphin s'est constamment fait chérir. Son zèle est aujourd'hui ce qu'il était au jour de sa première messe. Il montre la même unité de dévouement, le même calme dans les difficultés, la même bonhomie douce et sage, la même aptitude à se faire tout à tous.

C'est là une de ces natures qui ne s'usent point. S'il était à une autre époque prédicateur intrépide et fort répandu, aujourd'hui, ses prônes sont encore fort recherchés.

Il vit en ami, en frère, avec ses vicaires, tous si dignes d'être ses collaborateurs, et avec les prêtres si honorables qui partagent l'hospitalité bienveillante du presbytère de Notre-Dame.

Quand la nécessité le conduit chez des personnes notables de sa paroisse, il y fait chérir son esprit de persuasion et son exigeante charité ; ses chères orphelines de la rue Croix-Courette s'en aperçoivent aussitôt ; il vient à elle comme à ses enfants préférés et leur porte avec empressement la joie de l'aumône.

La paroisse est pleine d'œuvres qu'il a maintenues ou créées : l'œuvre de la *Propagation de la Foi*, de la *Sainte-Enfance*, l'*Œuvre des Veilleuses*, la *Confrérie du Saint-Sacrement*, déjà ancienne, mais qui reçut une grande impulsion dans la mission de 1821 ; la *Confrérie de Saint-François-Regis*, l'*Œuvre du Culte perpétuel de saint-Joseph*, la Congrégation des jeunes personnes sous le patronage de sainte Catherine et de sainte Philomène ; la Congrégation de saint Louis de Gonzague pour les jeunes gens ; la Confrérie du Couronnement de la Mère de Dieu (1);

---

(1) Cette confrérie du Couronnement de la Mère de Dieu fut érigée en 1727, à la demande des fidèles de la paroisse de Notre-Dame, par Mgr Paul de Neuville de Villeroy, archevêque de Lyon. Elle s'est maintenue prospère. Aujourd'hui ses associés sont nombreux, ses exercices réguliers et ses fêtes solennisées avec éclat.

l'Archiconfrérie pour la conversion des pêcheurs (1) ; *l'Œuvre des Cinq Plaies* (2), l'École cléricale (3). Il a lui-même fondé la providence de la rue Croix-Courette, qui nourrit et élève annuellement trente-cinq orphelines.

Une de ses grandes œuvres a été la restauration de l'église de Notre-Dame, qui, comme l'a justement fait remarquer l'orateur, « a été étonnée de se surprendre dans son vieil âge des grâces que les jours de sa jeunesse ne lui avaient pas données. (4) » Il a enrichi le clocher

(1) Cette archiconfrérie, qui est une affiliation de celle de Notre-Dame des Victoires, à Paris, fut établie dans la paroisse, en 1840, par les soins de M. de Saint-Jean, curé de Notre-Dame. Les exercices de chaque dimanche sont très-fréquentés.

(2) Cette confrérie des Cinq Plaies de Notre-Seigneur Jésus-Christ fut établie le 8 août 1769 et attachée alors à la chapelle de la Trinité. Elle jouissait et jouit encore de grandes indulgences.

La chapelle dans laquelle est érigée cette confrérie, possède le fragment considérable de la sainte épine, dont saint Louis, roi de France, avait autrefois gratifié le sanctuaire de Notre-Dame du Puy-en-Velay. Cette relique insigne, apportée à Saint-Etienne pendant la révolution, est maintenant gardée dans l'église de Notre-Dame avec la lettre signée du pieux monarque qui en établit l'authenticité.

(3) Cette manécanterie venait d'être fondée, en 1845, par M. de Saint-Jean, quand M. Delphin prit possession de la cure. Il lui a donné une protection constante. Elle a déjà fourni vingt-quatre prêtres. Leurs portraits sont conservés dans une des salles du presbytère de Notre-Dame.

(4) Vers 1860, l'église de Notre-Dame a été l'objet d'une importante restauration entreprise par le vénérable curé, M. Delphin.

Les travaux ont été exécutés d'après les plans et sous la direction de M. Gérard, architecte. L'église, bâtie par l'architecte Peyret dans la première moitié du XVIIIe siècle, et dont l'abbé Etienne, un des témoins de cette construction critique les proportions dans les *Annales de Saint-Etienne*, est devenue plus spacieuse et plus en rapport avec la dignité du culte.

De nouvelles proportions ont été habilement calculées ; des nefs latérales ont remplacé d'épais monceaux de maçonnerie qui encombraient les deux côtés de l'unique nef, et dans lesquels étaient pratiquées plusieurs chapelles. Le ciseau du sculpteur et du statuaire a embelli la façade, et M. Zaccheo a inscrit sur les murs de l'intérieur de l'église une de ses belles pages de peinture religieuse.

de son ancienne sonnerie, n'épargnant ni sacrifices, ni soins pour que l'œuvre nouvelle ne restât pas au dessous de l'ancienne et de l'importance de l'édifice qu'elle devait compléter (1).

Ces œuvres et ces travaux sont son meilleur éloge. Je n'en dirai pas davantage. Dois-je rappeler qu'il est chanoine d'honneur de Lyon depuis 1847 ; membre du Conseil d'administration du Lycée depuis 1849 ; membre du Comité départemental de l'instruction publique depuis 1857 ?...

Dimanche, 24 Juillet, des amis nombreux et tous les paroissiens se trouvaient réunis et confondus dans un même sentiment, en célébrant la cinquantaine de prêtrise du vénérable curé de Notre-Dame. Tous demandaient à Dieu de le conserver longtemps, pour la gloire de l'Eglise et le bonheur du troupeau qui lui est confié.

L'église avait été parée comme aux grands jours de fête. On comprend quelle affluence se pressait dans l'église, quand on connaît l'élan généreux de cette paroisse si profondément religieuse.

(1) Le 5 novembre 1734, cinq cloches fort belles, qui devaient être placées dans le clocher de Notre-Dame, furent fondues par un habile ouvrier lyonnais, nommé Ducray. Bénie successivement, le 5 et le 6 décembre de la même année, par M. l'abbé Thévenet, archiprêtre et curé de Saint-Etienne, la brillante sonnerie fut inaugurée le 8 décembre.

Le carillon de Notre-Dame n'échappa point au vandalisme des mauvais jours de 1793. Ses cloches furent fondues et converties en instruments de mort. Seule, la grosse, sur laquelle le nom de Mme de Moras était inscrit, fut épargnée. Elle servait de signal aux saturnales impies que l'on célébrait dans cette église pour les fêtes de la déesse Raison et de l'Etre suprême.

Pendant trois quarts de siècle, Notre-Dame fut attristée de n'avoir d'autre carillon que celui de la grosse cloche de l'horloge également conservée pendant la révolution.

Le 14 novembre 1866, une nouvelle sonnerie de cinq cloches, aussi belle et aussi brillante que l'ancienne, était installée dans le campanile en deuil, par les soins et les sacrifices de M. Delphin. Ces cinq cloches, fondues à Lyon par M. Burdin, sont une véritable œuvre d'art par le goût, le fini et la richesse des reliefs dont elles sont ornées.

A dix heures moins un quart commençait la cérémonie. Un nombreux clergé, précédé de la musique du *Pensionnat Saint-Louis*, allait au presbytère chercher le vénérable pasteur. Quelques amis, parmi lesquels on remarquait MM. Pagnon, vicaire général ; Gillier, aumônier du *Refuge* et chanoine honoraire de Nîmes ; Drevet. chanoine titulaire ; Poyet, aumônier de l'Hôtel-Dieu et chanoine honoraire de Nevers ; Fonvieille , chanoine honoraire de Moulins et d'Oran ; Verdellet, chapelain de la primatiale, etc., etc., formaient comme une couronne d'honneur autour de M. l'abbé Delphin. Ils se sont joints au cortége, qui est rentré à l'église, ayant de la peine à se frayer un passage au travers de la foule.

Arrivé à l'autel, le bon vieillard s'est revêtu des ornements, et a entonné le *Veni Creator*, que les fidèles ont continué.

Il a célébré ensuite la sainte messe, assisté par M. l'abbé Pagnon, vicaire général.

Après l'Evangile, M. l'abbé Fonvieille, missionnaire diocésain, est monté en chaire et a prononcé un discours qui devrait être reproduit, si le cadre de cette feuille le permettait. Ayant en face de lui le vénérable prêtre dont il devait parler, il a su se montrer délicat et élevé, en racontant, avec sa parole ardente et pleine d'émotion, les diverses phases de la vie si longue et si pleine de M. le curé de Notre-Dame.

Il avait choisi pour texte de son discours ces parole de saint Paul à Timothée (1) : *Tu autem, homo Dei !* *Mais vous, homme de Dieu !*

Il s'est d'abord attaché à mettre en lumière le ministère du prêtre.

Au milieu de ces hommes qui ne recherchent que les plaisirs, le lucre, les honneurs, les richesses de l'industrie. les intrigues politiques ou les sciences profanes, il y a

(1) I, Timothée, vi, 11.

l'homme de Dieu désigné par saint Paul : l'homme de Dieu, c'est le prêtre, c'est le curé, qui prend l'homme au berceau et ne le laisse qu'à la tombe ; le prêtre, consolateur de toutes les misères de l'âme et du corps ; intermédiaire obligé de la richesse et de l'indigence ; qui tient également à toutes les classes : aux classes inférieures par la vie désintéressée, aux classes élevées par l'éducation et la science, chargé de garder la foi et la morale parmi les chrétiens, de porter la civilisation de l'Evangile dans les contrées les plus lointaines et les plus sauvages ; de bénir le berceau, le mariage, le lit de mort et le cercueil.

Son enseignement doit se donner par la parole et par la vie. Sa vie doit être une parole vivante. Il touche aux passions humaines ; il a dans ses attributions, les fautes, les repentirs, les misères, les indigences ; il doit avoir le cœur riche de mansuétude, de compassion et de charité. Homme d'amour et de paix, il a le droit de rester neutre dans les haines engendrées par les opinions qui divisent les hommes, et qu'il a le devoir de calmer.

Il arrive une heure où Dieu l'appelle à lui, où il va se reposer dans l'Eternité. Comme l'a si bien dit l'orateur « il ne s'en va pas seul ; non, il emmène avec lui, dans cette délicieuse patrie des âmes, tous les pécheurs qu'il a convertis, tous les justes que ses conseils ont ranimés, que ses exemples ont soutenus... »

Voilà la vie et les plaisirs du prêtre.

Dans la seconde partie, l'éloquent missionnaire, s'adressant à M. le curé, a résumé à grands traits sa carrière. En terminant, il a redit la reconnaissance, l'affection, le tendre et filial respect qu'inspirent à cette paroisse ces cheveux blanchis dans la pratique de tous les dévouements.

Je regrette que le temps ne me permette de donner qu'un résumé si incomplet et un reflet si pâle de cette seconde partie, dans laquelle M. l'abbé Fonvieille a loué M. le curé comme il convenait de le faire ; il a dit la vété, et la vérité ne s'appelle pas la louange : elle s'appelle la justice.

La brillante musique du *Pensionnat Saint-Louis* prêtait son concours à cette cérémonie. Pendant la messe, elle a exécuté plusieurs morceaux avec cette sûreté d'attaque, cet ensemble, cet entrain, cette verve qui ont depuis longtemps établi sa réputation.

A l'Elévation, des voix pures d'enfants des écoles communales ont dit quelques chants.

A la fin de la messe, M. le curé a entonné le *Te Deum*, en action de grâces. Il y a eu alors une scène touchante, et qui arrachait des larmes aux assistants.

Deux fauteuils ont été apportés au pied de l'autel. Sur l'un s'est placé M. l'abbé Delphin ; l'autre était destiné à M. l'abbé Pagnon. M. le vicaire général, le premier, a donné l'accolade fraternelle au vénérable vieillard ; puis les officiants et les autres prêtres sont venus successivement l'embrasser.

Après la messe, M. le curé a été reconduit à la cure avec le même cérémonial déployé pour son entrée à l'église. Tous les regards se fixaient avec intérêt et attendrissement sur le bon pasteur dont l'Église venait de bénir et de consacrer la verte vieillesse.

Pendant toute la journée, le bon curé s'est montré charmant de simplicité, de cordialité, de bonhomie, souriant, heureux de cette famille d'amis et de paroissiens qui l'entouraient, répondant à chacun avec cet à-propos, cette affabilité, cette grâce qui ne l'abandonnent jamais.

L'abbé GHAUSSE.

Lyon. — Impr. de Félix Girard, rue St-Dominique, 15.

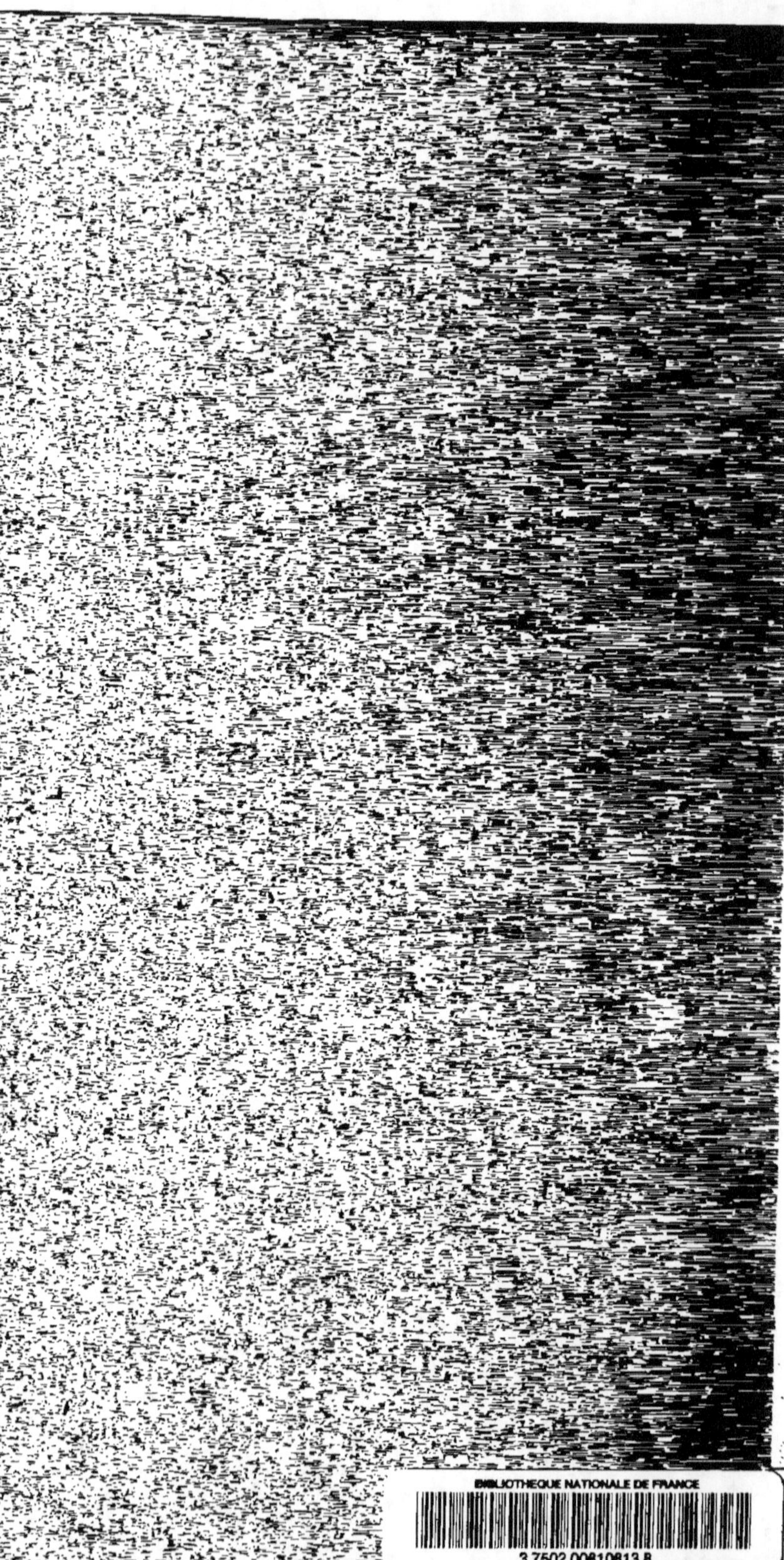